El mundo del pan

por Patricia West

Scott Foresman
is an imprint of

PEARSON

Glenview, Illinois • Boston, Massachusetts • Chandler, Arizona
Upper Saddle River, New Jersey

Every effort has been made to secure permission and provide appropriate credit for photographic material. The publisher deeply regrets any omission and pledges to correct errors called to its attention in subsequent editions.

Unless otherwise acknowledged, all photographs are the property of Pearson.

Photo locations denoted as follows: Top (T), Center (C), Bottom (B), Left (L), Right (R), Background (Bkgd).

1 ©Dave Bartruff/CORBIS; 3 ©Michelle Garrett/CORBIS; 4 ©Thomas A. Kelly/CORBIS; 5 ©Kevin Schafer/CORBIS; 6 ©Michael Freeman/CORBIS; 7 ©Annie Griffiths Belt/CORBIS; 8 ©Dave Bartruff/CORBIS; 9 ©Richard T. Nowitz/CORBIS; 10 ©LWA-Sharie Kennedy/CORBIS; 11 ©Paul Seheult; Eye Ubiquitous/CORBIS.

ISBN 13: 978-0-328-40574-9
ISBN 10:   0-328-40574-4

Copyright © by Pearson Education, Inc., or its affiliates. All rights reserved. Printed in the United States of America. This publication is protected by copyright, and permission should be obtained from the publisher prior to any prohibited reproduction, storage in a retrieval system, or transmission in any form or by any means, electronic, mechanical, photocopying, recording, or likewise. For information regarding permissions, write to Pearson Curriculum Rights & Permissions, One Lake Street, Upper Saddle River, New Jersey 07458.

Pearson® is a trademark, in the U.S. and/or in other countries, of Pearson plc or its affiliates.

Scott Foresman® is a trademark, in the U.S. and/or in other countries, of Pearson Education, Inc., or its affiliates.

3 4 5 6 7 8 9 10 V0N4 13 12 11 10

Hace mucho tiempo, algunas personas consumían sus comidas en gruesos trozos de pan llamados *trenchers* en vez de platos. Cuando terminaban de comer, los *trenchers* se usaban como alimento para los perros.

Hay tantos tipos de panes como países en el mundo.

¡Pan! ¡Pan! ¡Pan! Gente de todo el mundo lo come. El pan es una **mezcla** de dos **ingredientes** básicos: harina y agua. A esta mezcla pueden agregarse otros ingredientes.

El harina y el agua se mezclan para formar una **masa**. El panadero es quien debe **amasar** la masa y crear una **tanda** de panes.

Como hace mucho tiempo el pan también se usaba como dinero, la palabra "pasta", otra forma de nombrar la masa, se usa a veces para referirse al dinero.

A principios del siglo XX, habitantes de Polonia llegaron a los Estados Unidos. Trajeron con ellos la receta de un pan delicioso: el *bagel*. El panadero **hierve** el *bagel* antes de llevarlo al horno.

Bagels recién salidos del horno

Las tortillas se han hecho de este modo por miles de años.

Las tortillas tienen su origen en México. Para hacerlas, se mezcla maíz o harina de trigo con agua y con las manos se forman masas redondas, delgadas y planas. Luego se fríen en una plancha caliente. Cuando la tortilla se rellena con carne, tomates y queso, es un taco.

Una **panadería** mexicana vende panes dulces con muchas formas, como alamares (ranas), orejas, gendarmes y pelonas (mujeres calvas).

En India los niños comen *chapati*. Es un pan plano, redondo y masticable. Se le da forma circular a la masa y se tuesta de ambos lados en una sartén muy caliente. Luego se sostiene sobre una llama.

El *chapati* se sostiene sobre una llama.

La pita es común en la mayoría de las comidas en Medio Oriente.

A la pita, que se come en los países del Medio Oriente, también se la llama "pan de bolsillo". Es así porque este pan redondo y delgado puede cortarse en semicírculos para crear un bolsillo que luego se rellena con carne o verduras.

Las familias en Etiopía usan *engera* para acompañar su comida.

En otro país africano, Egipto, se encontró en una tumba una canasta con pan horneado hace unos 3,500 años.

El grano más pequeño del mundo, el *teff*, se usa para hacer pan en Etiopía, África. El pan de *teff* se llama *engera*. Es plano y tiene sabor amargo.

Challah es un pan dulce que se hace en los hogares de Israel y se come en el *Shabat* o en los días feriados. A veces se da forma al pan haciendo un **trenzado** con la masa. Generalmente se lo recubre con semillas de sésamo o de amapola.

Una vieja leyenda dice que quien come el último pedazo de pan debe besar al cocinero.

Todos ayudan a hacer *challah*.

¡Prácticamente a todos nos gusta la pizza! Se dice que la primera pizza se hizo en Italia. Un panadero tomó un pan plano y creó una delicia para la Reina de Italia. Para ello usó los colores de la bandera italiana: tomates (rojo), queso (blanco) y albahaca (verde).

Niño disfrutando una pizza.

La pizza se hizo popular en los Estados Unidos cuando los soldados que volvían de Italia luego de la Segunda Guerra Mundial comenzaron a pedir este sabroso manjar.

La *baguette* francesa es una barra de pan delgada de unos dos pies de largo. Al contrario de los panes planos, las *baguettes* se hacen con levadura.

La próxima vez que vayas a la panadería o a una tienda de comestibles, trata de hallar algunos de los panes sobre los que has leído. ¡Pruébalos!

Hace 100 años, en los Estados Unidos, una barra de pan costaba unos tres centavos.

Panadería en Francia

Glosario

amasar *v.* Doblar, presionar y estirar para formar una masa blanda.

hierve *v.* Cocina en agua muy caliente.

ingredientes *s. m.* Partes de una mezcla.

masa *s. f.* Mezcla blanda y consistente de harina, líquido y otros elementos, con la que se hace el pan.

mezcla *s. f.* Sustancia que contiene varios ingredientes combinados.

panadería *s. f.* Lugar donde se hace y se vende pan.

tanda *s. f.* Cantidad que se hace de una vez.

trenzado *s. m.* Trenza. Entretejido de tres o más partes que se entrecruzan alternativamente.